4 SEASONS
12 COLORS
Preserving Flowers

プリザービングフラワーズ協会

4 SEASONS
12 COLORS
PRESERVING FLOWERS

プリザービングフラワーズ協会 編

CONTENTS

4   はじめに

5   JANUARY

13   FEBRUARY

19   MARCH

25   APRIL

33   MAY

41   JUNE

53   JULY & AUGUST

61   SEPTEMBER

67   OCTOBER

73   NOVEMBER

81   DECEMBER

92   SCHOOL GUIDE

94   協会について

※本文中、アーティフィシャルフラワーの花材は(ア)と記載しています。

はじめに

　プリザーブドフラワーを使ったデザインの発信と普及を目的として、2001年にプリザービングフラワーズ協会を発足。それから早いもので17年経ち、花の美しさを楽しむだけでなく、空間全体を美しく引き立てる花々を目指して、花の演出をしてまいりました。

　近年では、バラやカーネーション、蘭だけでなく、野の草花や花壇でおなじみの花など、さまざまな花がプリザーブド加工できるようになり、その楽しみ方もバラエティに富んでいます。

　美しく咲いた姿を長期間保つことができるプリザーブドフラワーは「究極のエコロジー」ともいえるもの。お気に入りの器に飾れば、その美しさを数年にわたって楽しむことができるのです。美しい花を眺めることで心が元気になれます。その花を作品として自分自身でクリエイトすれば、充実感と共に楽しさと幸せを感じ、周りにも笑顔をもたらします。

　そんな花の魅力を伝えるべくプリザーブドフラワーのテキストも一新して、新しい花のアレンジを提案致します。プリザーブドフラワーのアレンジの数々を皆様とご一緒に楽しむべく、長年培った技術を駆使して、会員と共に作品制作をしたのが本書です。
（プリザーブドの基本をたくさん詰め込んだテキストは、別冊として2冊書きおろしました。協会の今後のレッスンにて使用予定です。）

　この作品集は、長年のキャリアを持つ会員の皆様にもご満足いただけるものになったと自負しており、大変嬉しく思っています。

　本書との出会いをプリザーブドフラワーのよさを再度見直すよい機会ととらえていただき、なお一層、お花の楽しさと魅力を味わっていただけましたら幸いです。

プリザービングフラワーズ協会会長　網野妙子

1

---

4 SEASONS 12 COLORS

JANUARY

真紅のローズメリアが日常の何気ない空間に彩りを添えてくれます。美しいローズメリアはバラ3輪を合わせたもの。パッと華やかな印象のメリアを中心に、色味のトーンをおさえたグリーンを選び、デンファレとデンファレとイワヒバをあしらったフレームも素敵。

新年を迎えて、お気に入りの読書コーナーにも大好きな赤をふんだんに盛り込んだアレンジを。さまざまな大きさのバラに実ものでアクセントをプラス。ベースはリーフ・パール・リボン全てをゴールドで統一して、大人っぽく暖かい雰囲気に仕上げました。

大好きなバラの美しさを最大限に伝えるレイヤーアレンジ。クリアーなアクリル、縁取りのゴールドレースなど、他の要素はおさえて赤1色でシンプルにまとめているのがポイントです。バラ1輪1輪が凛とした表情を見せる、飽きのこないフラワーデザイン。

カウンターに華やぎを添えるのは、赤いバラを基調にしたモダンアレンジ。シルバーのシダやローズリーフで動きを出し、ツウィッグで遊びを表現。花の表情を引き立てるよう、デザイン構成したことでシックな印象に。花数と位置のバランスが絶妙です。

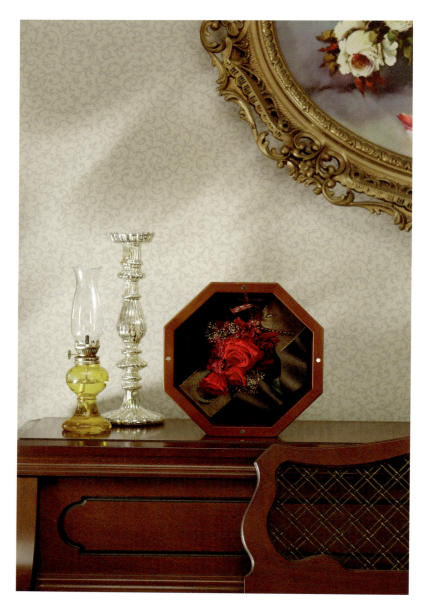

バラとカーネーションで赤のグラデーションを効かせて、ゴールドのカスミソウを加えたコサージュをオクタゴンフレームに配して。ガラス部分の取り外しもできるフレームアレンジは、ちょっとした空間を明るくしてくれます。どこでも気軽に置けるのも魅力。

2

---

4 SEASONS 12 COLORS

FEBRUARY

愛にあふれたハート型リースには、スモーキーピンクとヌードピンクのバラを中心にモーブピンクの花々が咲き誇っています。こっくりとしたダークブロンズブラウンのファーと軽やかなラインのワイヤープランツ(ア)が随所に効いた"大人可愛い"リースです。

トリュフカラーの大人色フレームに、優しい色合いのバラとベリーをギュッと詰め込んだ愛らしいハートがロマンティックなデザイン。リーフ・ツル・穂などもチョコレートカラーでトーンを揃えつつ、素材ごとの表情の違いを楽しむ遊び心とバランス感覚も◎。

シュガーピンク、ベビーピンク、チェリーブロッサムピンク……と可愛らしいピンクでトータルコーディネートしたブック型アレンジとラウンドアレンジ。花の種類・色・サイズの選び方と配置のバランスが絶妙です。ふっくらしたリボンとタッセルが技ありの逸品。

3

4 SEASONS 12 COLORS

MARCH

バラ、ガーベラ、マム、カーネーションを2色のビタミンカラーでまとめたボールアレンジ。ランダムに配したビーズアクセサリーとふとした時に揺れるタッセルがポイントです。イエローとグリーンの配分が絶妙なアレンジは、見ているだけで明るい気分になれそう。

レモンイエローのバラとガーベラにペパーミントグリーンのアジサイを効かせたナチュラル感あふれるオーバルアレンジ。室内に置けば爽やかな空間を演出できるのはもちろんのこと、写真のようにテラスの木陰に置いても、自然の中に上手く溶け込みます。

メインにイエローの濃淡が美しいバラを、オパールグリーンとオフホワイトのアジサイを添えるようにデザインしました。ラッキーグリーンとホワイト、素材違いのリボンを2種使いが効いています。早春の風を呼び込んできてくれる、そんなリースです。

4

---

4 SEASONS 12 COLORS

APRIL

軽井沢の春の訪れをメリアブーケで表現。丁寧に仕上げた大きなグリーンローズのメリアは、熟す前のブルーベリー(ア)とアイビー(ア)の軽やかなツルが加わってフレッシュな印象に。明るいシトラスグリーンと周りを飾る深い緑のコントラストが互いを引き立てています。

アンティークドレッサーの引き出しから顔をのぞかせているプチブーケ。思わず触れたくなるようなリーフメリアに、ラムズイヤー・ワイヤープランツ(ア)・ユーカリ(ア)・ピンクペッパーと色・形状・質感の異なる葉や実をプラス。遊び心いっぱいのアレンジです。

コロンとした形がキュートなバラ、まんまるな色違いのピンポンマムが主役。ミストグリーンを基調にしたアレンジは、アジサイ、ソフトストーベ、ルスカスもプリザーブドフラワーならではのカラーグラデーション。オクタゴンボックスですっきりとまとめて。

バラ、アジサイ、ユーカリ、白樺の小枝をグリーンでまとめたアレンジは、さまざまな角度から枝を挿してリズムを演出します。春先のやさしい光に、モネグリーンやオリンピアグリーンが溶け合うかのよう。足元に束ねたリボンもナチュラル感たっぷり。

マーガレットの咲く丘にバスケットを持ってピクニック。サンドイッチや果物、ちょっとしたものを詰め込んだら、日よけのタペストリーも忘れずに。小さなバラは明るい花色をセレクト。それ以外の花材にはトーンを落とした色味を選べば、シックに仕上がります。

5

---

4 SEASONS 12 COLORS

MAY

ラベンダーカラーのミニカーネーションにアメジストパープルのバラを加えた高級感あふれるブーケをベースに挿して。デンファレとダリア（ア）はアクセントとして色味を変えて、デンファレのつぼみやバラの葉、タッセルで華やかさを演出しました。

花色や形状を自在に変えられるプリザーブドフラワーに心動かされて。モロッコフレームにシュガーバインを巻きつけ、中心部にバラとユーカリ(ア)と青い実(ア)を流れるように配置。ラベンダーとラベンダーブルーで統一したアレンジは、幻想的な雰囲気さえ漂います。

バラとアジサイをライラックカラーでまとめたラウンドブーケ。フォーカルポイントにラベンダーピンクのバラと2種のデンファレを。ベゴニアリーフ(ア)とパープル系のパールとリボンでブーケを包み込むようにデザインしたブーケはお母さまへの贈り物。

バラの彫刻が印象的なテラコッタボウルにたっぷりのバラとアジサイを詰め込んで。うずまき状のアレンジはソフトライラック、スイートライラック、ラベンダー、バイオレット……中心部へ行くほど、色が濃くなり、その世界に吸い込まれてしまいそうです。

スカビオサ、バラ、カラー……ひとつひとつ花の顔を吟味して制作したアレンジは、クレセントのラインが見事。花の咲いているバジル(ア)やワイヤープランツ(ア)などの葉の向きを丁寧にアレンジすると、春の息吹に触れたかのように全体がいきいきとする好例。

6

---

4 SEASONS 12 COLORS

JUNE

ピュアホワイトのアスターとパール付チューベローズをあしらった花冠とホルダーブーケは、幸福な花嫁をイメージして。ほんのりとパウダーピンクがかったバラを随所に配し、チャーミングな印象に。上級者は斑入りのユーフォルビア(ア)でナチュラル感も表現。

ガーデニア、ジャスミン、アジサイなど初夏の花を束ねたブーケ。花嫁が持って歩く度に幸せな香りが漂ってきそう。ハンドル部分もアイビー(ア)とベアグラス(ア)のグリーンでナチュラルに仕上げました。チャペルの入口に飾ってウエルカムブーケにしても。

純白のラウンドブーケにほんのちょっぴりベビーピンクを効かせて、花嫁をさらに幸せな気分に。チューベローズ、カーネーション、カスミソウ、ジャスミンなど、大好きな白い花をたっぷり盛り込んだブーケは、式の後も部屋に飾っておきたいものです。

大小さまざまなバラにマム、アジサイ、カスミソウ、ボタンフラワーなど、全ての花を清楚な花嫁の象徴である白で統一したウエルカムリース。バラエティ豊かな花の表情を楽しめるのは、バランスのよいフラワーデザインがあってこそ。シンプルなだけに美しさも一際です。

ピュアホワイトのバラとライムカラーのアジサイが幸福な序曲を奏でるかのようなキャスケードブーケ。シンメトリーに配された花々がこぼれ落ちるようにあしらわれたブーケは花嫁のウエディング姿をさらに引き立ててくれることでしょう。

アンティークピンクのバラが愛らしいボールブーケ。持ち手部分と飾りリボンは花色に合わせてトーンをおさえることで、繊細かつ優しい印象に。バランスよく配したパールとレースのリボンをアクセントにしたブーケは、優雅な雰囲気のドレスにぴったり。

爽やかな初夏のガーデンウエディングを彩る純白×ライムグリーンのラウンドブーケ。こっくりとしたサファリグリーンのリーフとうまく調和しています。明るい日差しに映えるブーケはまさにシンプル イズ ザ ベスト！ 幸せな1日を見守ってくれます。

プレイヤーズブックに華やかさを添えるプチブーケ。中心にはライトブルーのバラを3輪、周りを純白のミニローズとホワイトリーフで囲んでいます。花嫁の幸せを願う「サムシングブルー」を取り入れるのも、素敵な心遣いです。

大輪のホワイトローズにカールさせたパラダイスグリーンのパピルスをバランスよくあしらいます。ちりばめられたキラキラのビーズリボンが花嫁の手元をより美しく魅せる、大人の女性におすすめのシンプルブーケです。

7 & 8

---

4 SEASONS 12 COLORS

JULY & AUGUST

リゾートウエディングなど、屋外での挙式にも人気が高いサムシングブルーのバッグブーケ。
さまざまなローズとリボンをランダムにデザインし、青のグラデーションを効かせることで、
動きが出て花1輪1輪の表情が際立ちます。可憐な花嫁を幸福へと導いて。

ゲストを迎えるのはピュアホワイト×パウダーブルーローズのウエルカムボード。多色使いせず、ライトカラーでまとめてハッピーサマーウエディングを演出します。挙式の後は思い出としてそのまま部屋に飾れるのも嬉しいところです。

カーネーションの優しげなコットンブルーに魅せられて、大人の夏をイメージしたフラワーデザイン。ブルーライムのアジサイを加え、コロンとした実付きのアイビー(ア)をアクセントに。シルバーグレーの陶器にぴったりな格調高いアレンジです。

バラ、カーネーション、チューベローズ、アジサイなど、使用した「ブルー」はなんと12種類。さまざまな形状の青を重ね、清涼感あふれるクレッセントシェイプに仕上げました。避暑地で風を感じながら、夜の月を仰ぐ。そんなイメージで制作しました。

幸せを運ぶコメットブルーのダリア、ラベンダー、ソリダゴのプチブーケは、爽やかな香りのラベンダーやユーフォルビア(ア)、セージ(ア)、ワイヤープランツ(ア)を合わせて清涼感をプラス。夏の窓辺に飾るもよし、ちょっとしたギフトにもおすすめです。

9

4 SEASONS 12 COLORS

SEPTEMBER

ゴールデンイエローを基調にした和風アレンジ。中央にデザインされたまんまるの輪菊とコスモスが印象的です。実はこのコスモス、カーネーションをフェザリングしたもの。こんなことを楽しめるのも、プリザーブドフラワーならでは。可能性は広がります。

秋のやわらかな木漏れ日にゴールデンイエローが映えるホリゾンタルアレンジは、あえてバラのみをチョイス。深いグリーンのヒカゲをベースにバラを配したら、繊細で自由な動きが面白いファイバーを最後に加えて、アクセントにします。

どちらも輪菊やピンポンマムをベースにしたトライアングルアレンジ。ヒメサカキやマムステム付のリーフでしっかりと形を決め、フォーカルポイントは花色を変えて。トップに束ねたミスカンサス、足元にパールで縁取りしたリーフをあしらえば愛らしい雰囲気に。

10

---

4 SEASONS 12 COLORS

OCTOBER

TRICK OR TREAT!　大人のハロウィンアレンジはバスケットを使って。微妙な高低差をつけながら、開き具合の異なるバラとガーベラを入れていきます。メインの花はオレンジ＆ブラック、周りを囲むローズリーフはバスケットと同系色ですっきりとまとめて。

ハロウィンをイメージした秋色ブーケ。木の根でベースを作ったら、表情豊かな黒のアジサイをたっぷりと入れていきます。鮮やかなオレンジのカラーとバラをバランスよく配して、インパクト大のシックなブーケの完成です。

大輪のミッドナイトブラックローズとユーカリでスタイリッシュに仕上げたシンプル＆シックなハロウィンアレンジ。挿し色のバラはタンジェリンオレンジとゴールデンイエローを数輪ずつのみ。同じテーマでもカラーボリュームが印象を変える好例です。

11

---

4 SEASONS 12 COLORS

NOVEMBER

真紅と黒、ボルドーをランダムに組み合わせた重厚感漂うクラシックリース。惜しげもなくふんだんに使われた数種類のバラと、そこかしこから顔をのぞかせるアジサイやこぼれ落ちんばかりの赤い実など花々の表情が温もりを感じさせます。

アンティークレッドを基調にした赤の濃淡が見事。可愛らしい表情を見せるバラエティ豊かなベリーが深まる秋を感じさせてくれるアレンジです。シルバーのベースに盛り込んだ花と実は、ボリュームとスペースバランスを意識してフレンチスタイルに。

大好きなベリータルトのバラと麦をかごにたっぷりとあしらいました。ピンクペッパーやバラエティに富んだ実とシュガーバイン(ア)の動きがナチュラル感を演出しています。麦の香りさえ漂ってきそうな、ほっこりとした気分になれる実りの秋アレンジです。

フレームの中心に向かって枝・花・リーフが顔をのぞかせる独創的なアレンジ。ベースはシックなトーンで統一し、バラのサイズと色の濃淡でその繊細な表情を楽しみます。大人の女性の部屋にこそ似合う、そんな印象の作品です。

クレッセントのアウトラインが美しい壁掛けアレンジは、花選びが決め手。バラをメインにしているにもかかわらず、ナチュラル感あふれる仕上がりなのは、実ものやツルものの使い方に秘訣が。色数をおさえてグラデーションとなっているのも技アリです。

12

---

4 SEASONS 12 COLORS

DECEMBER

真っ赤なバラをメインにバラの実(ア)、ナナカマド2種(ア)、リンゴ(ア)と赤で統一したリースは、ラインカラーとゴールドのリボンを重ね使いでシックに仕上げました。ちょこっとのぞくマツカサと計算されたアイビー(ア)の配置、丁寧な作業がリースを一層魅力的にしています。

グリーン×レッドのクリスマスカラーが楽しげなキャンドルアレンジ。アイビーとアジサイの中からバラ、ダリア、アジサイが顔を出し、キャンドルの炎が聖夜のひとときを温もりで包み込んでくれます。ふっくらとしたフォルムがとってもラブリー。

ゴールドのリボンが印象的なスワッグはさまざまなグリーンのリーフを活かすために、ホワイトローズとユーカリ2種、ロータスなど他の素材はおさえた色味をセレクト。グリーンのグラデーションが主役といえる大人のフラワーデザインです。

ホワイトクリスマスに飾りたいモミがベースのスワッグは、パールホワイトのバラをグルーピングして厳かな雰囲気に。2色に絞ることで、互いを引き立てあい、真っ白なバラの清らかさと美しさを最大限に引き出しています。

真紅のバラをたっぷり使ったフラワーケーキに載っているのは、白いひげをたくわえた2人のドワーフとライトカフェカラーのカーネーションで作ったトリュフ。夜、皆が寝静まってから、秘密のお茶会が——そんな空想をさせてくれる夢にあふれた作品です。

クリスマスといえば、燃えるような美しい赤！ 赤い素材だけを使用したテーブルサイズの
ローズクリスマスツリーは、2種類の赤いバラが主役。らせんを描くようにデザインし、
アクセントとして、ランダムに大小さまざまなレッドベリーを配しています。

花を閉じ込めたアクリル素材のベースに、バラ、アジサイ、ガーデニアとカーネーションの合成花、ラムズイヤー、マツカサを賑やかにあしらいました。優しい色合いの中にも、シルバーの枝やゴールドのスモールリーフ、パールがアクセントになっています。

クイーンレッド、チェリーレッド、ワインレッドの繊細な色合いに鮮やかなターコイズグリーンを組み合わせたクリスマスキャンドルアレンジ。キャンドルライトのやわらかな炎がロマンティックな夜を過ごさせてくれるでしょう。

SCHOOL GUIDE & 作品掲載者一覧

プリザービングフラワーズ協会認定校の一部です。詳細は協会事務局までお問い合わせください。

事務局・理事　　尾関　素子

プリザービングフラワーズ協会理事／厚生労働省フラワー装飾1級技能士／NFD本部講師／
花カフェ・dance（ダンス）オーナー／dance（ダンス）主宰
カフェを併設したフラワーショップで行われる常時開催されるレッスンは「花のある生活が身近に感じられる」と話題に。
シンプルかつシックなデザインと丁寧な指導に定評がある。

[住所]　　　〒151-0053　東京都渋谷区代々木5-64-4
[TEL]　　　03-5454-5428
[E-mail]　　motoko@wine-cafe-dance.co.jp
[URL]　　　http://www.wine-cafe-dance.co.jp
[作品掲載]　P18・34-35・44右・56・85

◆北海道◆
[スクール名]　花あそび　coconette
[主宰者]　　今井　典子（支部長）
[住所]　　　北海道札幌市
[TEL]　　　090-7514-6204
[作品掲載]　P26-27・50

◆栃木県◆
[スクール名]　多美フラワー
[主宰者]　　米澤　タミ子
[住所]　　　栃木県鹿沼市
[E-mail]　　t-tibenen25-72a-bo@docomo.ne.jp
[作品掲載]　P9・51

◆埼玉県◆
[スクール名]　Favorite Flower（フェイバリットフラワー）
[主宰者]　　鎌田　由美子
[住所]　　　埼玉県川口市
[E-mail]　　sing-ymk.313@softbank.ne.jp
[作品掲載]　P49

[スクール名]　Fleurage
[主宰者]　　白石　淳子
[住所]　　　埼玉県さいたま市
[URL]　　　http://fleurage-jun.com
[作品掲載]　P79

[スクール名]　サン・ルミエ
[主宰者]　　須賀　光子
[住所]　　　埼玉県川口市
[TEL]　　　048-255-3232
[作品掲載]　P77

[スクール名]　HANA霞
[主宰者]　　遠山　かすみ
[住所]　　　埼玉県川口市
[E-mail]　　kasumicrocosmo@yahoo.co.jp
[作品掲載]　P22・36

[スクール名]　mayrose
[主宰者]　　三澤　早苗
[住所]　　　埼玉県川口市
[E-mail]　　mayrose_525@yahoo.co.jp
[作品掲載]　P76

◆千葉県◆
[スクール名]　Prewra
[主宰者]　　高橋　智子
[住所]　　　千葉県市川市
[E-mail]　　hika0819-hono0317@docomo.ne.jp
[作品掲載]　P58

◆東京都◆
[スクール名]　Couturier H（クチュリエ　アッシュ）
[主宰者]　　永田　仁美
[住所]　　　東京都世田谷区
[URL]　　　http://www.facebook.com/couturierhitomi/
[作品掲載]　P31

◆神奈川県◆
[制作者]　　片山　紀子
[作品掲載]　P72

[スクール名]　はな恵フラワースクール
[主宰者]　　狩野　恵子
[住所]　　　神奈川県川崎市
[TEL]　　　044-333-6413
[作品掲載]　P64

[制作者]　鹿俣　香澄
[作品掲載]　P91

[制作者]　櫻井　亜紀
[作品掲載]　P47

[スクール名]　アトリエ花
[主宰者]　櫻井　花代子
[住所]　神奈川県川崎市
[URL]　http://sakura1233.wixsite.com/atelierhana-kawasaki
[作品掲載]　P46

[制作者]　佐々木　嘉子
[作品掲載]　P37

[制作者]　佐藤　春美
[E-mail]　sh_pri_rose@yahoo.co.jp
[作品掲載]　P16

[スクール名]　Shonan Ever Flower
[主宰者]　武田　智恵子
[住所]　神奈川県藤沢市
[URL]　http://www.shonan-ever-flower.com
[作品掲載]　P10

[制作者]　広部　智子
[作品掲載]　P87

[制作者]　三好　正子
[作品掲載]　P88・89

[制作者]　森山　早苗
[作品掲載]　P17

[制作者]　山中　規子
[E-mail]　noriko55nanacoco@icloud.com
[作品掲載]　P84

[スクール名]　ローズプリンセス
[主宰者]　吉田　聖絵
[住所]　神奈川県横須賀市
[URL]　http://www.rose-princess.jp
[作品掲載]　P23

[制作者]　渡辺　千代子
[作品掲載]　P30・39

[スクール名]　笑顔あふれて
[主宰者]　渡辺　優子
[住所]　神奈川県川崎市
[E-mail]　thhy-flower8888@docomo.ne.jp
[作品掲載]　P38

◆愛知県◆
[スクール名]　スタジオ　M.ロード
[主宰者]　西郷　祐子（支部長）
[住所]　愛知県名古屋市
[E-mail]　emuro-do@nb.tp1.jp
[作品掲載]　P8

◆富山県◆
[スクール名]　Art Grande K's
[主宰者]　高島　恵子（支部長）
[住所]　富山県富山市
[TEL]　076-442-6808
[作品掲載]　P90

◆大阪府◆
[スクール名]　アンズ箕面
[主宰者]　石井　和子（支部長）
[住所]　大阪府箕面市
[E-mail]　cabtg505@leto.eonet.ne.jp
[作品掲載]　P57

◆愛媛県◆
[スクール名]　アトリエホワイトローズ
[主宰者]　長瀬　久子（支部長）
[住所]　愛媛県宇和島市
[URL]　http://www.nagase-g.com
[作品掲載]　P70

◆熊本県◆
[スクール名]　スタジオSEAFAO
[主宰者]　甲斐　節子
[住所]　熊本県熊本市
[TEL]　090-2179-5131
[作品掲載]　P59・78

[スクール名]　花工房バラ園
[主宰者]　中村　千恵子
[住所]　熊本県熊本市
[TEL]　090-8414-2626
[作品掲載]　P11

[スクール名]　S.coeur　（エスクール）
[主宰者]　西釜　幸子（支部長）
[住所]　熊本県熊本市
[TEL]　096-355-3000
[作品掲載]　P48

プリザービングフラワーズ協会

　プリザービングフラワーズ協会はプリザーブドフラワーを使ったデザインの発信と普及を目的として、2001年に発足。アレンジやスタイルのジャンルを超えて国際的に活躍する理事のもと、全国各地での講習会・イベントやコンテストの開催など幅広く活動しています。海外での活動にも力を入れており、国際花博覧会への定期的な出展や海外研修などにも実績があります。

URL　http://www.preserving.org/　　　E-mail　info@preserving.org
　　　　　　　　　　　　　　　　　　　　TEL　　03-5454-5428

□ コース案内

基本の基本コース

　基本テクニックのおさらいをするコースです。初心者の方の入門コースとしても適しています。

認定コース

　プリザーブドフラワーのアレンジメント技術とさまざまなデザインを学ぶことができる経験者対象のコースです。3つのクラスで構成されており（Class A：6単位　Class B：5単位　Class C：3単位）、それぞれのクラス修了後に修了証が発行されます。

　全14単位修了後は認定試験の受験資格を得られ、合格者にはディプロマ（認定証）が発行されます。

　その後は協会認定の教室を開いたり、講師活動が可能となります。プリザービングフラワーズ協会では万全のバックアップ体制を整えて、講師の活動をサポートしています。

エグゼクティブコース

　認定コース修了者対象。最新の材料を使用してさらに進んだ新しい技術・デザインを学ぶための上級者向けのコースです。コース修了者は認定校を開校することができます。認定校は認定コースとエグゼクティブコースの両方を教えることが可能です。

プリ検対策講座

　一般社団法人プリザーブドフラワー全国協議会が主催のプリザーブドフラワー技能検定（通称：プリ検）合格に向けての講座です。全国協議会の理事協会でもあるプリザービングフラワーズ協会では、これまでに数多くの1級合格者を出している実績があります。

著者プロフィール

網野　妙子
（あみのたえこ）

プリザービングフラワーズ協会会長／一般社団法人プリザーブドフラワー全国協議会副会長／MAFD AMINO主宰／トロッケンゲシュテック主宰／厚生労働省1級フラワー装飾技能士／職業訓練指導員／アーティフィシャルフラワーズ協会会長／ソラフラワーズ協会会長
8年間のドイツ滞在中にフラワーアレンジメントとトロッケンゲシュテック（ドイツ装花）を習得し、自らのデザイン性を追求しながら後進の指導にあたる。小さなブーケからディスプレイなどの大作まで、気品ある華やかな作品が魅力。

MAFD AMINO（マフド アミノ）
住所　　神奈川県横浜市港南区日野南3-17-14
TEL　　045-835-5880　　FAX　045-835-5881
URL　　http://www.mafdamino.com
E-mail　info@mafdamino.com

作品掲載　P6・7・12・20・21・24・52・62・63・65・66・68・69・71・82・83

浅井　薫子
（あさいかおるこ）

プリザービングフラワーズ協会代表理事／Viridiflora主宰／厚生労働省1級フラワー装飾技能士／職業訓練指導員／一般社団法人プリザーブドフラワー全国協議会理事／アーティフィシャルフラワーズ協会代表理事／ソラフラワーズ協会代表理事
英・独・仏で伝統的なフラワーデザインの基本を習得。華やかさと大胆な色使い、気品あるアレンジは独自のスタイル。スクールから雑誌まで幅広く活躍。近著に『プリザーブドフラワー　インテリアギフト＆アレンジ』『プリザーブドフラワーのアレンジメントの制作技法』（誠文堂新光社刊）がある。

Viridiflora（ビリディフローラ）
住所　　神奈川県川崎市幸区南加瀬3-3-27
TEL　　044-588-6483　　FAX　044-588-6483
URL　　http://www.viridiflora.net
E-mail　info@viridiflora.net

作品掲載　P14・15・28・29・32・40・42・43・44左・45・54・55・60・74・75・80・86

撮影協力　　株式会社青山　　　　　　　　　　　　　　http://aoyama-ribbon.com
　　　　　　株式会社アペル　　　　　　　　　　　　　http://www.amorosa.jp/
　　　　　　CAZARO　　　　　　　　　　　　　　　　http://www.daisen-frame.com
　　　　　　スミザーズオアシスジャパン株式会社　　　http://www.smithersoasis.jp
　　　　　　株式会社東京堂　　　　　　　　　　　　　http://www.e-tokyodo.com/
　　　　　　東京リボン株式会社　　　　　　　　　　　http://www.tokyoribbon.co.jp
　　　　　　ノーブルトレーダーズ株式会社　　　　　　http://www.le-noble.com
　　　　　　フロールエバー株式会社　　　　　　　　　http://www.florever.co.jp/
　　　　　　横浜ディスプレイミュージアム（株式会社ポピー）　http://www.displaymuseum.co.jp/company/
　　　　　　松村工芸株式会社　　　　　　　　　　　　http://mkaa.co.jp/
　　　　　　モノ・インターナショナル株式会社　　　　http://www.mo-no.co.jp/ja/
　　　　　　株式会社リボンワールド　　　　　　　　　http://ribbon-world.com/
　　　　　　　　　　　　　　　　　　　　　　　　　　　　　　　　　　　（50音順）

軽井沢タリアセン　　　　　　　　http://www.karuizawataliesin.com/about
軽井沢ルヴァン美術館　　　　　　http://www.levent.or.jp/index.html

Special thanks to
ホテル軽井沢エレガンス
URL　　http://www.karuizawa-elegance.jp/
住所　　長野県北佐久郡軽井沢町旧軽井沢1314　　TEL　0267-42-8188

小さなホテル スターティングオーバー
URL　　http://starting-over.net/
住所　　山梨県南都留郡富士河口湖町富士ヶ嶺1364-6　　TEL　0555-89-2191

STAFF

ART DIRECTOR / BOOK DESIGNER
塩田晋一

PHOTOGRAPHER
山本正樹

STYLIST
下田有利

EDITOR / WRITER
中森裕美

4 SEASONS
シーズンズ

12 COLORS
カラーズ

PRESERVING FLOWERS
プリザービング　　　　　フラワーズ

NDC 793

2018年1月19日　発　行

編　　　　者　　プリザービングフラワーズ協会
きょうかい

発　行　者　　小川雄一
発　行　所　　株式会社 誠文堂新光社
　　　　　　　〒113-0033　東京都文京区本郷3-3-11
　　　　　　　[編集] 電話03-5800-5779
　　　　　　　[販売] 電話03-5800-5780
　　　　　　　http://www.seibundo-shinkosha.net/
印刷・製本　　図書印刷 株式会社

©2018, Preserving Flowers Association.
Printed in Japan

検印省略　禁・無断転載

落丁、乱丁本は、お取り替えいたします。本書に掲載された記事の著作権は著者に帰属します。
これらを無断で使用し、展示・販売・レンタル・講習会等を行うことを禁じます。

本書のコピー、スキャン、デジタル化等の無断複製は、著作権法上での例外を除き、禁じられてい
ます。本書を代行業者等の第三者に依頼してスキャンやデジタル化することは、たとえ個人や家庭
内での利用であっても、著作権法上認められません。

JCOPY ＜（社）出版者著作権管理機構 委託出版物＞
本書を無断で複製複写（コピー）することは、著作権法上での例外を除き、禁じられています。
本書をコピーされる場合は、そのつど事前に、（社）出版者著作権管理機構（電話 03-3513-6969/
FAX 03-3513-6979/e-mail:info@jcopy.or.jp) の許諾を得てください。

ISBN978-4-416-91706-0